JN440406

따스함에 속다

추은진 시집

문학의전당 시인선
160

따스함에 속다

추은진 시집

문학의전당

시인의 말

별빛처럼 매섭게
달빛처럼 부드럽게
시는 다가왔습니다.

때론 벌이 떠나간 꽃잎의 아픔으로,
때론 빈 나무의 울림으로,
시는 가슴속
빈 메모지를 채웠습니다.

그렇게 내게로 왔던 시들을
이제,
제자리에 돌려주려 합니다.

반딧불처럼
누군가의 가슴에서 잠시
깜박이길 바라면서

2013년 여름
캘리포니아 주 Simi Valley에서
추은진

차례

시인의 말

제1부

슬픈 일 13
파랑새 14
아이와 맹인 16
여행 가신 뒤 17
돋보기 쓴 여자 18
집 19
기도 1 20
기도 2 21
자궁 22
와인 24
소는 어디 있나 25
비둘기 26
어느 시인의 시를 읽다가 27
모퉁이 28
민들레 30
노부모 집에서 32

제2부

프리지아의 절규 35
엄마의 벽 36
달팽이 1 37
달팽이 2 38
뿔테안경 40
휴일 42
초승달 43
목욕탕에서 44
버몬트 걸인 45
어느 교수의 강의 46
추석 밤 47
시월애 48
따스함에 속다 49
놀에 번진 그리움 50
지상에서의 소풍 52
매화꽃 당신 54

제3부

저녁의 사내 57
타협의 여왕 58
고서(古書) 60
겨울밤 61
햄버거를 먹는 방법 62
눈사람 64
추억 앨범 65
마흔아홉 살 66
길동무 68
배꽃 69
망각의 거울 70
아플 때 보이는 것들 72
편지 1 74
편지 2 76
편지 3 78
구토 80

제4부

자장면을 앞에 두고 83
이민 84
봄의 유혹 86
문상 88
사월 90
그림자 92
그대 이름은 무엇인가 93
자식들에게 94
보라보라섬 96
하늘 97
까마귀의 사랑 98
네 몫의 사막 100
눈부신 비상 102
십자가 103
짠한 것들 104
뒤안길 106

해설 | 자목련을 노래하는 시인 – 추은진의 시세계 107
임헌영(문학평론가)

제1부

슬픈 일

팔순 넘은 부모
한 평 남짓한 노인 아파트에
공짜로 입주하면서
미국 세상이 너무 좋다고 말했을 때,

대학 입학한 아들
집 떠나 자유를 얻었다며
두 손 높이 들어 환호성을 질렀을 때,

이십오 년째 같이 사는 남자
입맞춤하려고 다가가는 내 입술을
살짝 피해버렸을 때,

파랑새

파랑새는
사람들이 지어낸 허상이라고
바늘로 머리를 긁적이며
어머닌 말씀하셨다.

파랑새는
바람타고 날아오는 것이니까
재빨리 잡으라고
아코디언을 켜며
아버진 노래하셨다.

자갈밭과 진흙길과
어둠의 터널을 걷고 나면
신기루처럼 파랑새는 나타난다고
수염으로 마음을 쓸고 닦으며
스승님은 가르쳐주셨다.

그러다가 나는 보았다.

파랑새는
아이의 그림 속에 살고 있는 것을.

아이와 맹인

맹인 남자의 손을 잡고 왔던 아이가 허름한 문방구점 앞에 서서 잠시 망설이더니 잡은 손을 놓고 문방구로 들어갑니다. 혼자 남겨진 맹인 남자는 검은 지팡이를 두 손으로 꼭 잡고 서서 아이를 기다립니다. 빛을 보아도 빛인 줄 모르는 검은 선글라스 너머의 눈이 검은 허공에 홀로 남겨진 허밍버드*처럼 파르르 떱니다. 아이가 곁으로 돌아왔을 때 맹인의 손은 비로소 환하게 눈을 뜹니다. 남자는 아이의 손을 잡고 지팡이로 바닥을 치면서 다시 걸어갑니다. 세 개의 눈이 하나가 되어 걸어갑니다. 아이가 맹인을 따라가는 것인지 맹인이 아이를 따라가는 것인지, 눈 밝은 바람이 그들의 앞길을 열어주고 있습니다.

---

* 꿀벌새.

여행 가신 뒤

라스베이거스로
여행을 가신 어머니
떠나신 지 두 시간쯤 지나 전화를 하셨다.
뒤뜰에 말려놓은 호박을
들여놓고 자라고

몇 분 있다 또 전화를 하셨다.
텃밭에 열린 고추 풋풋할 때 따서
저녁반찬으로 된장에 찍어 먹으라고

2박 3일 여행길에서도
집안 것들 잊지 못하시는
어머니

어느 날 홀연히
하늘나라로 긴 여행 가실 때
자식들 못 미더워
얼마나 자주 뒤돌아보실까.

돋보기 쓴 여자

등받이 넉넉한 의자에 묻혀
독서삼매경에 빠져 있다.
유리창으로 들어온 햇살이
곁에 앉아 가만히 여자의 얼굴을 들여다본다.
피식, 눈웃음치며 다시 책에 빠진 옆모습
오늘따라 짠한 것은
지지리도 못난 지아빌 만나
고추보다 더 매운 시집살이에
매운 눈물 쏙 빼고 산 54년
어머니의 똥오줌 빨래까지 빨아대다가
오른팔이 고장 나버렸어도
원망 한 번 하지 않은 채
서너 갈래 깊은 목주름 속에 시린 세월 감춰두고
속 깊은 청자처럼 의자에 앉아
속 넉넉한 책에게
위로를 받고 있는 중이다.

집

그는 내게로 오지 않는다.
내가 그에게로 간다.

세상먼지로 침침한 내 두 눈이
그의 맑은 숨으로
씻기는 순간,

내 마음의 무지개는
그의 처마 끝에
대롱대롱 걸려 꿈을 꾼다.

칼바람과 천둥 번개도
그의 품에서는
노래가 되고 그림이 된다.

그는
나의 둥지다.

기도 1

새벽별 배웅하러 뜰에 나갔다가
불 켜진 어머니 방 창문을 들여다보았다.

딸년이 몰래 엿보는 줄도 모르고
둘째딸에게 저승 갈 때 입고 갈 옷을 부탁하고 싶다고
지금껏 이처럼 간절히 기도하는 일은
처음인 것처럼
꿇은 무릎이 살짝 올려질 때마다
투둑, 투둑 뼈들의 비명소리 들린다.

그것이 뭐 그리 힘든 일이시라고
노인네도 참,
저런 기도를 하고 계실까.

꽃분홍 치마저고리를 입고
저승 가고 싶다고 간간이 흘린 말들이
결코 빈말이 아니었다는 걸
알아버린 새벽

기도 2

먹구름이 하늘 가득 깔려 있다.
돌산 하늘을 넘어오느라고
애썼을 저 불청객들에게
소풍 가는 날 하필 왜 찾아왔는지
무얼 하러온 것인지 묻지 않았다.
벚꽃은 한바탕 분홍빛 축제에 빠져 있는데
진달래꽃은 밤새
꽃잎 하나 툭 떨어트렸는데
지지리도 못난 어미 손잡고
소풍 갈 꿈에 잠을 설쳐 걷지도 못하고
말도 잘 못하는 딸아이의
젖은 눈망울을 볼 자신이 없는데
먹구름이 후딱 사라져버리길 바랄밖에,
검은 우산을 들어야 할 일이
제발 없기를 바랄밖에,
꿈에 부푼 아이가 일어나기 전에
음침한 창밖 하늘을 향해
어미는 두 손 모을 수밖에 없다.

자궁

그곳은 따뜻했다.
손톱이 자라고 머리카락이 나올 때
이제 사람이 되어가는 거라는 걸 알았다.
손과 발을 내가 움직일 때마다
천지가 웃는 웃음을 들을 수 있었다.
그 웃음 들으며 나는 나비처럼 팔랑대기도 하고
새처럼 여기저기 날아다니며 똥도 싸보았다.
그래도 세상은 내게
밥도 주고, 명예도 주고, 옷도 줄 거라 믿었다.
철없음 뒤에 내게 돌아오는 건
서릿발 같은 눈초리들과 비난의 채찍이었다.
산들이 불타던 어느 늦가을 세상을 향한
불잉걸 같은 열정이 식어가면서부터
나는 버리는 연습을 해야 했다.
지금껏 껴안고 온
렘브란트의 돌아온 탕자,
베토벤의 월광 소나타,
히터와 에어컨이 돌아가는 집,

굽이 닳은 검은색 구두,
아껴 못 입은 꽃무늬 팬티,
짜디짠 눈물,
보일 듯 감춰진 추억의 길,
멈추지 않은 심장,
뜨거운 피,
자궁.

와인

붉은 포도주 한 잔에

상처를 담근다.

한입 가득 붉게 담아서

단숨에 마셔버리고

툭, 툭, 털어버리리라.

세월에 묵힌

내 상처

소는 어디 있나

로스앤젤레스 시내 생맥주집에서
열두 개의 눈동자는 밤늦도록 소를 찾아 헤맸다.
누구는 눈물샘에 소를 숨겨두고 산다지.
누구는 목구멍에 숨겨두고,
또 누구는 심장에 숨겨둔다지.
누구라도 '음매' 울면
세상은 물로 망할 것이고
누구라도 불을 뿜어내면
세상은 폼페이처럼 불바다가 될 것이고
누구라도 밥을 토해내면
배부른 짓 한다고 비난의 화살이 꽂힐 줄
열두 개의 눈은 알고 있다지
생맥주집 앞 희미한 가로등처럼 살아가는
기회주의의 소들밖에 없는 세상에서
시골을 지킬 줄 알고
집을 지킬 줄 알고
검게 그을린 주인을 지킬 줄 알았던
그 옛날 우직한 소는 어디 있나.

비둘기

검은 옷 입은 수도자들

지붕 난간에 무릎 꿇고 앉아

어둠을 가르고 떠오르는

하루의 첫 성체를 모시려고

침묵기도 중이다.

경건하다.

어느 시인의 시를 읽다가

어느 시인의 시(詩)를 읽다가
차마 다 읽지 못했다.

'남겨진 글씨들이 고아처럼 쓸쓸하다' *
서러움이 구슬처럼 박힌 문장에서
시린 마음이 구른다.

뇌수술 날짜를 받아놓고
처자식에게 밤마다 몰래 써놓았을
친구의 편지가 그런 마음이었을까.

쇼팽을 좋아하고
와인을 좋아하며
젊은 예수를 좋아하는

그에게로 가기 위해
한 손엔 노란 해바라기를 들고
주섬주섬 시(詩)를 챙긴다.

---

* 김사인 시인의 시 「유필(遺筆)」 중에서

모퉁이

인생길에서 모퉁이는
오아시스와 같은 곳이다.

잠시 서글픈 보따리 풀어놓고
세상에 딱, 한 번 울었다는 아버지처럼
한 번 목 놓아 울다가
다시 일어나 모퉁이를 돌아설 땐
넉넉함이 생기고
과거의 것을 놓을 줄 알게 되고
미지의 문을 여는 것이 두렵지가 않는다.

젊은 엄마를 그리워하며 몽실이 목을 껴안고
모퉁이에서 울었던 밤,
가슴에 흐르는 서러움을 달빛이 쓸어주고
달 밑으로 떠가는 구름이 쓸어주고
별들이 가까이 내려와 위로를 주었다.

사막에서 만난 오아시스에서

낙타가 목을 축이고 길 떠날 용기를 갖듯이
모퉁이에 잠시 쉬었다 나온 뒤
인생길을 걸어갈 용기가 샘솟는다.

민들레

민들레는 좋겠다.
죽어서라도 가고 싶은 곳에
훨훨 날아갈 수 있어서

어머닌 노란 민들레 앞에
쭈그리고 앉아 말하셨다.

노모 옆에 쭈그리고 앉아 보던 딸년
묵묵히 민들레 곁에 잡초를
쑥 뽑았다.

어머니,
바람 드센 이곳도 정들면 괜찮아요.
왜 멀리까지 가려고만 하세요.

내가 뭐라고 했더냐?

어머닌 민들레 앞에서

굽은 등을 천천히 피며
궁시렁거린다.

노부모 집에서

많이 먹그라.
노쇠한 손이 김장김치를 쭉쭉, 찢어
내 밥그릇에 올려놓으신다.
잊어먹고 살았다. 나도 그 손의
사랑스런 자식이라는 걸
쭉쭉 찢어준 김장김치로
밥 한 그릇을 뚝딱 해치우는 내게
손은 말없이 가르치신다.
훗날, 내 자식이 나를 찾아오면
체온으로 지은 따뜻한 흰 쌀밥 위에
이렇듯 김치를 찢어 올려주라고
그러면 다가올 폭풍의 시간도
겁내하지 않을 것이라고,
고즈넉한 황혼이 번지듯
내 볼에 번지는 홍시 같은 빛.
노부모 집을 나오다 올려다본 밤하늘에
유난히도 반짝이는
큰 별 하나

제2부

프리지아의 절규

프리웨이에서 자동차들이 웨스턴 길로 들어설 때
꽃 파는 멕시코 할머니
두 손에 프리지아 꽃 한 다발을 들고
마른 지푸라기 같은 손으로
허공에 꽃을 흔든다.

흰 자동차 그냥 지나가고
검은 자동차 그냥 지나가고
푸른 자동차 살짝 서는 척하다 지나간 뒤
할머니는 허물어지는 건물처럼
풀썩 주저앉는다.

아뿔싸,
나는 할머니 왼쪽 다리가 없는 걸
그때서야 알았다.
감빛 프리지아의 절규와 함께

엄마의 벽

벽 앞에 앉은 엄마
고즈넉한 놀을 찢고 있다.

내가 왜 살어,
내가 왜 살어,
까마귀들 엄마의 혀를 물고 날아갔고
엄마의 벽은
몇 날 며칠 메아리를 해댔다.

한 이야기 또 하고 또 하고
자식 이름도 까먹고
점점 벽으로 변신하는 엄마.

배 아파 낳은 자식들도 잃어버린 채
손가락 사이로 빠져나가는
시간을 본 척 만 척,
벽이 되어 가신다.

달팽이 1

검은 강물은 말이 없고
밤인지 낮인지 모르게
달팽이가 매지구름을 따라갑니다.

비워진 잔에
간밤의 생채기를 채운 뒤
마실 때라고
까마귀 한 마리 울어댑니다.

어미이기 때문에
아내이기 때문에
딸이기 때문에
며느리이기 때문에

씩씩한 척,
착한 척,
살아온 허물을 벗어버리고

달팽이 2

아버지 어디 가세요.

평생 짊어졌던 삶의 굴레를
벗어 던지고
아버진 느릿느릿 길을 가고 계신다.

그쪽으로 가면 가시덤불인데요.
시멘트 길로 가세요.

처진 귀에 대고 외쳐도 아버진
바람처럼
무심히 터벅터벅 가고 계신다.

가끔 뒤 좀 돌아보세요.

아들딸이 발목을 붙잡고
인생의 동무인 어머니가
손을 잡아도 뿌리치고

자석에 이끌리듯
자꾸만 가시덤불 쪽으로 걸어가신다.

천천히,
아주 천천히.

뿔테안경

눈이 나빠서 쓴 것이 결코 아니여.
세상이 나를 얕잡아 보지 못하게
쓴 것이랑께.

뿔테 안경을 썼다
세상 사람들 내 곁을 지나갈 때
사감선생 대하듯 고개를 숙이고 지나갔다.
내 안에 웅크리고 있는 겁이란 놈에게
근사한 검은 뿔테안경이
울타리를 쳐준 셈이었다.
아이들은 검은 안경을 싫어했다.
아빠 같지 않고 훈육교사 같다고
아내도 싫어했다.
지아비 같지 않고 시아비 같다고
평생 동안 코에 걸쳐진 검은 안경이
갑자기 천근처럼 무겁게 느껴진 여든두 해의 가을날,
나도 모르게 뿔테안경을 벗어버렸다.

아, 그때부터 나는
아이처럼 맘껏 웃을 수 있었다.
아이처럼 맘껏 울 수도 있었다.

휴일

초록빛 아침 바쁘게 달리던 자동차들
길가 여기저기에서 늦잠 중이다.
집 앞에 신문 봉투 떨어져 있는 걸 집어 들다 문득
휴일 새벽에도 신문을 집 앞에 놓고 사라진
자동차를 생각했다. 새벽 네 시 십 분 정도면
어김없이 검은 자동차는 졸린 눈에 불을 켜고
집집마다 다니며 툭, 툭, 신문을 떨어트리고
유령처럼 사라져간다. 별들은 그 소릴 들으며
가만가만 사라져갈 채비를 하고
까마귀는 일어나 아침나팔 불 채비를 하고
옆집 인도 여자는 일어나 정화수에
붉은 장미 잎을 띄워놓고 대문을 활짝 연 채
양탄자를 바닥에 깔고 기도 올릴 준비를 하겠지.
스프링쿨러에서 쏟아진 물세례를 맞고
젖어 있는 신문이 든 비닐봉지를 벗기니
뉴욕을 쓸고 간 태풍으로
피해 입은 사람들의 울음이 가득 차 있다.
저런, 저런,

초승달

초승달 뾰족한 끝에
자식들 내일을 위해
무릎 꿇은 어머니 보이시네.

상처로 삭아진 한쪽 가슴에
신앙의 약을 정성껏 바르고
밤하늘 끝에서
자식들 꿈자리를 지키시는 분.

채워졌다 닳아지고
닳아졌다 다시 채워지는 것이
인생이라고

어머니,
서산으로 걸어가시네.

목욕탕에서

늙은 몸은 부끄러울 것 없어 당당하고
젊은 몸은 부끄러워 가릴 곳이 많다.
나는 이미 부끄러운 줄 알아버린 이브
당신의 굽은 등에 낀 때를 벗겨내며
우윳빛 가슴에 마른 대추처럼
붙어 있는 젖꼭지를 보고 말았다.
세상공기 처음 맡은 날부터 내게 익숙해진
태초의 생명수
수액을 끌어올려 잎을 살게 하는 뿌리처럼
나에게 당신은 가장 아끼던 양식을
나누어주셨다. 내 몸 챙기기에 바쁘다며
슬픈 뿌리를 외면하고 살아온 죄 크기만 한데
당신은 장난기 어린 아이처럼
덜 성숙한 내 젖꼭지를 툭, 치며 혀를 차신다.
언제서야 철이 들 작정이노?
세월은 마냥 기다려 주진 않을 낀데…
당신의 마른대추처럼 쭈글쭈글 되어야
철이 들 모양이지요.

버몬트 걸인

버몬트 길에
푸르스름한 빛이 번지면
여자는 떡칠된 머리를 뒤로 질끈 묶고
이부자리가 들어 있는 마켓카트를 끌고 걸어간다.

해는 서서히 여자의 머리 뒤로 떠오르고
슬리퍼에 삐져나온 발가락에서
삶의 비애가 보인다.

가진 것이 없으면 목숨도 내놓을 수 있는 건가.
빨간 신호등에서도 겁 없이 길을 건너는
여자의 행보엔 배짱과 자유가 꿈틀댄다.

총 재산이 담긴 마켓카트를 밀며
이 시대의 현자인지 걸인이지 모를
여자의 무방비 행보에
시선들
멈추어 선다.

어느 교수의 강의

그것 앞에서는 시간이 무의미하다네.
그것이 곁을 지나가는 걸
우린 아무도 모르지.
그것은 지나온 시간에 연연해하지 않고
봄과 여름, 가을과 겨울을 낳는다네.
우리가 그것을 유유히 보낼 수 있는 것은
그것이 우리 곁에 다시 올 수 있는
희망이 있음이 아니겠나.
우린 그것에게서 벗어나려고 몸부림쳐도
맘처럼 되진 않는다네.
밤이 있으면 아침이 또 있듯이
그것과 우리는 떨어질래야
떨어질 수 없는 관계이지.
자네들이 걸어온 길을 가만히 뒤돌아보게나.
길 위에 여러 모습으로 깔려져 있는
그것이 얼마나 많았는가.
우린 명심해야 할 걸세
언젠가 우리도 알몸으로 간다는 사실을 말일세.

추석 밤

노쇠한 그림자 둘
대문 밖에 쭈그리고 앉아 있는 걸 보았다.

성묘 걱정, 신분 걱정,
고향친지 걱정을 엿듣던
생쥐 한 마리 대문 안쪽에 숨어
두 손만 비비고 있다.

쥐구멍을 찾다가 가랑이까지
명 질긴 바람이 스미는데
뒷짐을 지고 가고 있는
황금빛 추석달이 야속하기만 할밖에

생쥐는 생쥐대로
노쇠한 그림자는 그림자대로
달빛에 물들고 있다.

시월애

비 그친 뒤
단풍잎 하나, 둘
표표히 집 앞 도랑을 타고
떠나갔다.

사이프러스나무처럼
퇴색되지 않은 그리움이
가슴에 물들어 있는데

우린 어느 별자리에서
서로 마주보기만 할 뿐이라고

내 안에 묻힌 탯줄이
시월 한 달 동안
자꾸만 꿈틀대고 있다.

우주의 입김처럼.

따스함에 속다

이 일을 어쩔꼬?
자목련이 속절없는 속맘을
보이고 말았네.

거짓바람과 햇살에 속아
철없는 속내를 보여주고
아차, 싫어 하는 모습 좀 봐.

따스함에 속는 것이
사람만은 아니구나.

꽃까지 속고 마는 세상
자목련을 보고 돌아서는데
처음으로 푸른 하늘이
원망스러웠네.

놀에 번진 그리움

돌산을 넘어서는데
아스라한 절벽 위 좁은 바위에
코요테가 앉아 서산으로 넘어가는 놀을
보고 있다.

놀이 번진 하늘에
내 새끼, 내 새끼
엉덩이 도닥여주시던
내 어머니 계신다.

놀은 사람의 가슴에도
짐승의 가슴에도 묵은 사랑을
볼 수 있게 하는 것인가.

내 어머니도 저 놀을 보며
가끔은 외할머니를 떠올릴 것이고
훗날 아이들은 나의 부재의 시간에
놀을 보며 어밀 떠올릴 것이고

돌산을 돌아서는 내내
목구멍으로 침은 자꾸만 넘어가는데.

지상에서의 소풍

하늘에서 떨어지는 물방울을
아이는 비라고 말했다.
어른은 눈물이라고 말했다.

뒤뜰 야자수 잎이 흔들리는 걸 보고
아이는 바람이 분다고 말했다.
어른은 나무들의 슬픈 춤사위라고 말했다.

어른은 보이는 대로 말할 수 없는 걸까.
비유하고, 은유하고,
과장하고,

아프면 아프다고
말하는 아이가 된다면
허공에 떠도는 접속어들이
자신을 삼켜버릴지도 모를 일이라고
깊은 우물에 갇힌 어른들.

어른이 아이와 마음높이가 같아지는 날
지상의 소풍이 끝이 나려나.

매화꽃 당신

성당 제단 밑에서
얼핏 풋풋한 십대 같기도 한
봄물 오른 가지에 분홍빛 수줍은 듯
피어 있는 너.
가만히 너를 보면서
성당 제단 아래에 꽂아둔
손을 생각했다.
나무에서 오래 살도록 그냥 두지
나무의 아픔만 동정하느라고
하느님이 너를 만드신 뜻을 잠시 잊어버렸다.
장엄한 미사는 시작되었고
대영광송을 부르다 생각 한 점 가슴을 스쳤다.
너를 보면서 사람들 가슴에
새봄의 꿈을 꾸게 하는 것이
너의 사명이 아니겠나.
너를 보는 것은 그 분의
첫 봄 선물이 아니겠나.
매화꽃 당신.

제3부

저녁의 사내

밤늦게 집에 돌아온 사내
김이 모락모락 나는 쌀밥 한 숟가락
입에 막 넣으려는 순간
손전화가 번개처럼 울었다.
점점 하얗게 얼어붙어가는 얼굴
숟가락에서 밥은 식어가고 있었다.
뜨끈한 쌀밥을 먹기 위해
종종걸음 치며 헤집고 다닌 사내에게
세상 돈 벌기란 한순간도
너그럽지 못하다고 했다.
대문 밖으로 다시 나갈 사내는
숟가락에서 굳어져가는 밥을
입에 넣고 으적으적 씹었다.
쌀밥 씹히는 소리
숟가락이 밥그릇에 부딪치는 소리
아이의 책 읽는 소리
냉장고 모터 돌아가는 소리
적막한 시간이 가는 소리.

타협의 여왕

세상과 타협을 하며 살았지.
썩은 물이 있다고 세상을 향해
목청 높여 외쳐대 봤자
나만 손해라는 얄팍한 생각을
언제부턴가 하게 된 순간
타협의 여왕이 되어버렸어.
누구는 학교 옥상에서 정의를 외치다
저승길 가고
또 누구는 노동의 몸에 휘발유를 붓고
목숨을 잃었을 때
나도 두 주먹 불끈 쥐고
머리에 붉은 띠를 둘렀었지.
그땐 정의가 용암처럼 가슴을 녹였는데
세월의 외줄을 타다보니
좋은 게 좋은 것이라는 구렁텅이에 빠지게 되더군.
타협을 옆구리에 끼고 다니다가
눈빛이 강한 사람과 만나면 슬그머니 피해버리고
나이 먹는다는 핑계를 무기로 세워

타협의 강을 수없이 건너고 말았어.

하,

나이 먹는다는 건 결코

벼슬이 아닌데 말일세.

고서(古書)

책꽂이에 살고 있는 고서에서
빛이 새어 나온다

그 빛을 따라 무심코 들어간
사월 어느 날

깊은 바다에서 청정미역을 건져 올리듯
수많은 지혜가 건져 올려지고

선인들의 견고한 삶이
머리를 거쳐 가슴으로 내려가
뜨겁게 머물면서

죽을 만큼 힘든 오늘을
어찌 견뎌야 하는지 알게 된다.

겨울밤

등 돌리고 잠든 노모의 등에
가만히 귀를 대어본다.
간간이 알 수 없는 슬픔이 흐르고
그리움이 흐르는 소리 들린다.
걸어온 거친 길이 막혔다 트이고
세상이 닫혀졌다 다시 열리고
마지막 마무리 중인 숨이
완행열차처럼 기적을 울리며 지나간다.
노쇠한 심장이 빨리 뛰면
어쩌나, 어쩌나
잠들지 않은 두 귀는 바짝 긴장을 하는데
노곤한 몸은 꿈나라 어디쯤을
바삐 가고 계시나 보다.
반백의 세월이
올백의 세월을 엿보는 것 같아
자는 척하다가 그만,
어머닐 따라 무작정 가고 만 꿈길.

햄버거를 먹는 방법

햄버거를 먹는 일은
배를 채우기 위한 수단일 뿐이다.

맛은 허공 높이 매달아두고
퍽퍽한 고깃덩어리가 들어 있고
느끼한 치즈가 들어 있는
햄버거를 나는 으적으적 씹는다.

그들이 맛있게 먹는 음식의 맛을
느끼지 못하게 된 25년 동안
뱃속에서 꿈틀거리는 허기를 감추기 위해
나는 실크 옷을 몸에 두르고도
땅에 떨어진 동백꽃이 비를 맞고
있는 것처럼 처절했다.

빵 대신 밥을 달라고
고기 대신 김치찌개를 달라고
버터 대신 된장을 달라고

햄버거를 먹으면서도
채워지지 않는 허기진 세상에
나는 오늘도 칼칼한 낚싯대를 던져둔다.

눈사람

사람들 떠나간 빅베어 산중턱에
눈사람 덩그러니
망부석처럼 남아 있다.

눈 한 쪽,
귀 한 쪽,
팔 한 쪽,
바람과 해에게 내어주고도

아프다는 말 한마디 하지 않고
기우뚱 서 있는 모습.

꼭,
울 엄닐 닮았다.

추억 앨범

종로서적이 없어졌답니다.
종로2가 쫄면집이 없어졌답니다.

아버지 좋아하시던 충무로의 설렁탕집도
제가 자주 갔던 세종로 카페도 없어졌답니다.

고향집도 사라진 판국에
그깟 단골집이야, 라고 말하시겠지만
비 쏟아지던 그 날
아버지께 설렁탕 한 그릇 더 사 드릴 걸 그랬어요.

그리움에 목이 마르면
아버지와 제가 추억앨범을 뒤적이며
목을 축이는 수밖에요.
이제는 먼 이국땅에서 말이에요.

마흔아홉 살

이맘때면
사춘기 소녀처럼
눈물샘이 마구 열린다는데
맞는 건가요.

딱, 이맘때면
이십대에 젖가슴으로
떨어져 숨었던 눈물의 진실을
볼 수 있다는데
그것도 맞는 건가요.

자식들에게서도
낯선 냄새가 나고
같이 사는 남자에게서도
세월의 잔인한 주름이 보이고

비 싸하게
퍼붓고 간 뒤에도

우산을 접지 않는 것은

마흔아홉수의 건망증인가요.

길동무

아픈 동무와 길을 걷다보면
세상이 모두 아파 보입니다.

하늘을 찌르기만 하는 줄 알았던
사이프러스나무의
옆을 볼 줄 모르는 아픔이 보이고

무심한 바람으로 팔이 잘려나간 자리에
흰 피를 흘리고 있는
소나무의 아픔이 보이고

모든 것의 아픔을 껴안고 있는
눈 시리게 푸른 하늘의 아픔이 보입니다.

어느새 내 맘은
아픈 동무에게 물들어
노을 앞에 선
거무스레한 빈 나무가 되어 갑니다.

배꽃

눈처럼 날리는 꽃

자잘한 흰 꽃잎들 사이로

노쇠한 어머니 보이시네.

그래, 그래

고갤 끄덕이며

하얗게 웃으시네.

망각의 거울

번득이는 코요테의 거친 눈동자를
얼마나 더 보고 살아야
잊어야 할 것을 잊을 수 있는지,
바람에 빈 나뭇가지가 흔들리는
마른 밤을 얼마나 더 보내야
신은 내게 편한 잠을 줄 것인지,
발라내어 버리려고 하는 의지 사이로
칙칙한 연기 같기도 한 기억은
영혼을 비틀고 피를 말린다.
기억의 파편들이 폐부 깊숙이 박혀
숨을 쉴 수가 없고
낯설기만 한 사람들은 나를 스쳐가고
의지가 미숙한 아이처럼
나는 휑한 오늘을 살려고 버둥거린다.
손톱 밑에서 핏방울이 몽글몽글 솟아오른다.
피도 출구를 찾아 솟구치고 싶었던 것인가.
지워지지 않는 문신 같은
기억을 부여잡고

이 밤,
망각의 거울을 들여다본다.

아플 때 보이는 것들

전기장판을 켜고 바닥에
누워 있다 보면 보이는 것들이 있다.

육중한 침대를 받히고 있으면서
침묵수행 중인 가구 다리들,
제 속을 계속 내어주며 가벼워질 줄 아는
크리넥스 휴지통,
침대 밑에 펼쳐진 채 버려진
어느 시인의 시집,
잃어버렸다고 안타깝게 찾아 헤매던
상아머리핀,

고뿔에 걸려 바닥에 누워 있는 날엔
무심히 지나친 것들이 보이고
잃어버렸다고 포기했던 것들이
내 곁을 떠나지 않고 있는 것이 보인다.

가끔은 침대가 아닌 바닥에

누워 있어 볼 일이다.
잃어버린 나도 찾을 수 있게

편지 1
— 손 제라드 신부님께

나를 업어주시던 외할아버지 같은
신부님, 그 옛날 당신은 하느님께 반하셔서
아일랜드를 떠나 조선이란 나라에
선교사로 가셨다지요.

강원도 산골마을에서 몇 십 년 동안
예수님처럼 청빈의 삶을 살면서
사람들의 순수한 정을 보고
한글도 배우고 조선말도 하게 되셨다며
어느 강론 때 회심의 강을 건너던 눈빛 선합니다.

밸리에 사는 조선아이들을 사랑하시고
그들의 부모를 존중하시며
조선인이라는 자긍심을 신자들 가슴에
심어주시던 신부님.

처진 어깨와 뒷굽 닳은 신발에서
내 아버지의 모습을 보며

무릎이 아파 절룩거리는 뒷모습에서
내 어머니의 모습을 보며
당신의 자상한 미소에서 주님을 보았습니다.

오랜 친구인 강아지 삐꾸와 함께
기나긴 이 겨울밤에도
독서삼매경에 빠지신 건 아닌지

당신의 고향에서
그동안 못 나눈 친지들과의 정을
나누고 계시는지 궁금합니다.

편지 2

빛바랜 편지 한 통
장롱에서 꺼내어보니
펜을 꾹꾹 눌러 갈겨진 글씨체에서
딸자식 보고픈 마음
배여 있네.

애야,
몸 성하게 잘 있느냐.
몽실이가 교통사고로 세상을 떠났단다.
고 녀석 집도 잘 지키고
너를 많이 좋아했는데
친정 걱정은 말고
남편 잘 섬기고
시부모 봉양 잘하고
네가 좋아하던 아카시아 껌 한통과
내복을 보내니 추울 때 속에 껴입어라.

이십오 년이 흘렀는데도

문장마다 번져 있는
자목련 같은 사랑.

편지 3
— 아들에게

너를 가만히 불러본다.
며칠 전 밥 먹는 내 옆얼굴을 빤히 바라보다가
피식 웃으면서 많이 늙으셨네요, 라고
네가 말한 순간 나는 가슴이 벅찼다.
네가 어미의 눈가와 입가와
머리에 앉은 세월의 흔적을
보았다는 것은 어미에게 관심이 있다는 것이지.
너는 스물네 살이 넘어가고
어미는 불혹도 끝나가고
네 앞에 펼쳐진 세상의 폭보다
어미 앞에 놓인 세상의 폭이
좁아져 가고 있음을
기특한 너는 보게 된 것이지.
좋아하던 새우와 바닷게를 못 먹고
자꾸 어미의 얼굴을 들여다보던 네게
왜 자꾸 보냐고 말한 어미는 너의
기특함을 알고 있다는 걸 숨기기 위해
아이처럼 딴청을 피웠던 것이란다.

하지만 아들아,
어미의 얼굴에 주름이 깊고
머리카락이 거의 올백인 것은
인생이 주는 훈장이란다.
마음이 비워지는 만큼 새겨지는 그 훈장들이
몸에 더 많이 새겨지는 날
어미는 새가 되어 훨훨 하늘로
날아갈 수 있지 않겠니?

구토

로스앤젤레스 비행기장 안으로 노부모가 연기처럼 사라진 뒤 바위가 얹혀 있는 듯 가슴이 무겁고 먹먹했다. 순두부찌개를 너무 많이 먹은 때문이라고 투덜대며 405번 프리웨이를 타고 가는데 태극마크가 그려진 푸른색 비행기가 활주로에서 이륙준비를 하고 있었다. 노부모는 저 어디쯤인가의 손바닥처럼 작은 유리창으로 행여 딸을 또 한 번 볼 수 있을까 창밖을 두리번거리고 계실지도 모르는 일이라고 생각하던 순간, 아버지와 함께 먹은 순두부가 자꾸 목구멍으로 치밀어 올랐다. 비행기가 얕은 허공에 남겨진 구름 속으로 사라질 때까지 프리웨이 옆에 차를 세우고 기러기새끼가 되어 하늘을 올려다보는 딸자식

제4부

자장면을 앞에 두고

자장면을 앞에 두고 아버지와 마주 앉았다.

창밖은 스산한 바람이
자목련나무를 흔들고 있었다.

평생 간직한 바위 같은 자존심을 버리고
웨이터가 묶어준 비닐 턱받이를
침묵으로 받는 아버지.

그 모습을 보다가 태연한 척
자목련나무가 품에 품었다가
놓아주고 있는 꽃잎들만
세고 또 세는 척한다.

자목련나무가 꽃잎을 놓아주는 것인지
꽃잎이 나무를 떠나는 것인지
자장면을 앞에 두고
망연한 시간은 떠나가고 있다.

이민

멋모를 때 사랑을 하는 것처럼
맛 모를 때 이민을 와서
날것의 언어를 마구 먹다가
토해낸 시간을 이십오 년 넘게 보내다 보니
이제 겨우 언어에 박힌 뼈 발라내
먹을 줄 알게 되었고
똥이 든 창자를 끄집어 버릴 줄 알게 되었네.
뼈도, 창자도 버릴 줄 모르는 얼굴들은
설익은 햇살처럼 파리해져 있고
빌딩 옆 단풍나무의 눈부신 변신에도
무언가에 최면에 걸린 듯 눈길 한 번 주지 않은 채
메마른 거리를 종종걸음치며 걸어야 했네.
좌절하지 않기 위해
별빛 끝에 자신을 찌르며 싸워야 했네.
가끔은 가시에 손톱 밑을 찔리는 고통이 엄습해오고
바위에 눌려 신음하면서도
날카로운 시침으로 허공을 찌르는
사이프러스나무처럼 살아야 했네.

파처럼 하늘에

종주먹질 해대며 살았네.

봄의 유혹

여섯 마리 새끼오리들
갈색 어미 뒤를 따라
봄나들이 가네요.

갈 길이 멀다는 듯
길가에 핀 패랭이꽃에게도
눈길 한 번 주지 않고
종종걸음으로 가고 있네요.

간간이 봄노래도 흥얼거리며
꽃향기에 취해서 무작정 집을 뛰쳐나온
오리새끼들과 어미는
꽃동산이 아닌 돌산어귀로
자꾸만 들어가고 있어요.

그곳은 코요테와 까마귀들 세상이라고
길가 벚꽃나무들은 무언의 몸짓으로
꽃잎을 날리며 가지 말라고 하는데

어미오리와 새끼오리들은
콧노래 부르며 돌산으로
뒤뚱뒤뚱,
자꾸만 가고 있네요.

봄이 저리도 좋은 걸까요.

문상

키 작은 상주를 지나쳐서
국화에 둘러싸인 영정 앞으로 걸어가
향을 피우고 허리 숙여 인사를 했다.

초겨울 추위가 몰려오기 시작한 날쯤
사진을 찍은 것이 분명하겠지
목에는 체크무늬 목도리가 둘러져 있고
생전에 풍류를 좋아하던 망자는
뜻 모를 미소를 머금고 영정사진에 있다.

기품 있는 키 작은 여인 앞에서
또 한 번 인사를 하고 자세히 보니
고인이 생전에 아끼던 외동딸이다.

아버질 닮은 넓은 이마와
선이 야무진 입술과
쌍꺼풀이 없는 눈.

이국땅에 딸자식 하나 남겨두고
망자는 바삐 태평양을 건너가고 있겠지
충청도 고향으로 기러기들보다 더 빨리
날아가고 있겠지.

문상객들 여기저기 앉아
이야기도 하며
앞에 놓인 떡과 과일을 먹으며
산 입에 거미줄을 치고 있다.

사월

학원 앞 자동차 안에서 흰 수염 길게 늘어진 인도 할아버지가 아이를 마구 때리고 있다.

자동차가 흔들흔들

유리창이나 닫아놓고 때리든가

저러다 미국경찰이 쌩하게 나타나 아동학대죄로 수갑을 채워 가면 어쩌려고

oh, my god!

깎아놓은 밤톨 같은 아이 머릴 바위 같은 손으로 이리저리 쳐댄다.

까마귀의 절규보다

사자에게 잡아먹히며 부르짖는 버펄로의 울음보다 더 숨 가쁜 비명이

열린 자동차 창문으로 터져 나온다.

미국 여자들 고개를 저으며

어처구니가 없다는 듯 인상을 쓰고 학원으로 들어가고

동양 여자들 별 반응 없이 지나가는데

학원을 나오던 인도 아이가 자동차 안에서의 구타 현장을 보고

손전화로 어딘가에 전화를 한다.
제발 경찰을 불러라 아이야.
멀건 대낮에 아이를 구타하는 무식쟁이가 아직도 있다니
미친바람이 불어 닥치듯 경찰아 빨리 와라.
건너편 나무에 앉은 까마귀가
목격자다.

그림자

어머니,
그림자가 점점 작아져요.

세상에 태어난 값을 그림자가
치르고 있는 중이라고
어머닌 창문을 두드리는 봄비처럼
나직나직하게 말하신다.

얼마나 더 작아져야
사는 값을 다 치르시는 걸까.

그림자가 주먹만 해져야
하늘을 날을 수 있다고
민들레처럼 웃는 어머니.

어머니,
작아진 그림자 제가 업고 가면
안 될까요?

그대 이름은 무엇인가

마이클,
그대의 이름은 무엇인가

타향이 지어준 이름 말고
고향이 지어준 이름말일세.

살다가 가슴 따스한 사람을 만나면
한없이 작아져 버리고 만다는
그대의 이름은 무엇인지

눈물 훔치고 지은 이름이 아니라고
비싼 돈 주고 지은 이름이라고
굳이 말 안 해도 된다네.

마이클,
그대의 진짜 이름은
무엇이란 말인가.

자식들에게

자식들이여,
허리 구부러진 그대들의
어머니를 눈여겨본 적 있는가

밤바람이 창문을 흔들 때
그대들을 위한 어머니의 간절한
기도소릴 들은 적이 있는가

밥 주고 빨래하고
잠자리 챙겨주는 것이야
모성의 본능이라 하지만
염증 든 무릎관절을 꺾어
기도하는 어머닌 오직 자식을 위해서만
그리 할 수 있는 것이거늘

삼백육십오 일 동안
단 하루,
어머니 가슴에 꽃 한 송이 달아 드려도

그대들의 어머닌 그저 행복해 하며
그 꽃이 향기가 사라지고 말라 부서질 때까지
벽에다 옷핀으로 꾹 눌러 박아둔 걸
한 번만이라도 눈여겨본 적 있는가

자식들이여,
그대들 또한 어머니가 될 수 있음을
그대들 또한 자식을 위해 뼈를 깎아내는 듯한
기도를 할 수 있음을 잊지 말게나

허름하지만 빛나는 삶이
어머니 가슴에서 오늘도 남아 있기에
그대들의 지친 가슴에
내일의 태양이 맑게 떠오른다는 것을
부디, 잊지 말게나

보라보라섬

신이 준 아름다운 섬에서
중학교 문턱이 최상의 교육으로 알고
구름을 걸러 보내는 우뚝 솟은 산을
둘러싸며 살아가고 있다네.
욕심도, 욕망도 모르는 사람들.
배고프면 옥빛 바다에서 물고기를 잡아
빈 배를 채우고
상처가 나면 약초를 따서 으깨어 바르고
상어들과 친구하는 법을 아는 사람들.
사랑하는 이의 죽음을 사르는 의식이 끝나면
집 앞마당에 무덤을 만들고
철따라 예쁜 꽃을 꽂아둔다네.
이승과 저승의 사람들이 함께 살기에
지상의 낙원이 된 섬.
학생들의 가여운 자살도
방황하는 청년들의 아편의 총질도
문명이 만들어놓은 돈의 가치도 없는 곳에서
그저 옥빛 바다처럼 살다 가는 섬.

하늘

푸른 하늘을 바라볼 때
무심코 한숨지을 때가 있습니다.
머리에서 가슴으로 내려가지 못하고
남아 있는 찌꺼기들이 있기 때문입니다.
머리에서 가슴으로 가는 길이
왜 그리도 멀기만 할까요?
눈 딱 감고 큰 들숨을 쉬면서
푸른 하늘에 기대는 연습을 해야 하는데
하늘은 내게서 멀다고만 여겼기 때문에
머리에서 가슴까지의 거리가 먼 것이겠지요.
벼랑을 품고 사는 하늘은
지금껏 나를 안아만 주었는데
무심한 나는 그런 하늘을 잊고 있었습니다.
이제는 푸른 하늘에게
나를 맡기며
오늘이라는 시간을 걸을까 합니다
묵묵히…

까마귀의 사랑

텅 비어 있는 플라타너스 나뭇가지에 앉아
작은 새끼를 옆에 앉혀두고
날개를 폈다 접으면서
유독 부산을 떠는 까마귀를 보았네.

새끼에게 인생의 훈계를 하고 있는 중이었을까?

새끼를 앉혀두고
우산에 빗방울 떨어져 구르는 소릴 내는
어미를 보고서야
까마귀에게도 자식애가 있음을 알았네.

사람이건 짐승이건
자식 앞에서는 자신의 못남을
보이고 싶지 않는 것이 부모의 마음일까.

자식들을 키우다보니
아침마다 극성스럽게 울던 까마귀가

새끼에게는 고운 소리로 훈계하는
그 맘을 알 것만 같네.

네 몫의 사막

사막을 걷는다.

방울뱀이 지나간 흔적들
갈之자 모양으로 사막에 그려져 있다.

저쪽에서는
모래 바람기둥이 마치 바벨탑을 쌓으려는
사람들의 몸짓처럼 처절하다.

자시와나무도
크레오소텀불도
사막을 끌어안고 잠이 들 뿐
오아시스를 찾아 나서지는 않는다.

네 안에 있는
방울뱀과 모래 바람기둥은
스스로 만들어놓은 허상의 세계.

때로는 사막의 뱀에게 물려
죽을 만큼 아파하더라도
너는 그것마저 껴안고 가야 한다.
이천 년 전 예수처럼

네 몫의 사막이니까.

눈부신 비상

가시덤불에서 청둥오리 부부가
몸으로 서로의 나올 길을 내어주며
밀담을 나누고 있다.

눈에 덮인 콩깍지를 사랑이라 믿으며 결혼에 골인까지 한 뒤 태평양을 훌쩍 날아와 물맛이 텁텁한 이국땅에서 태어난 새끼들 뒷바라지에 등골이 휘어지면서도 불평 한 마디 안 하고 살다가 생활고로 피 터지는 격투를 서로 벌이기도 하고, 서러운 마음 한 구석 긁어주지 않는다고 삐지기도 하고, 눈 파란 사람에게 눈길을 돌린다는 이유로 질투도 해가면서도 헤어지지 않고 살아온 지난 생을 돌아보며 참 잘했다고, 서로를 도닥여주며 살기도 했다.

가시덤불에서 빠져나온 청둥오리 부부는
산책하던 나를 보고 민망했던지
날갯짓을 몇 번 하더니 땅을 차고
허공으로 힘차게 날아올랐다.
저토록 눈부신 비상을 본 적이 또 있었을까.

십자가

당신이 날 기다리는 모습이
보입니다.
땅에 손으로 물고기를 그리시던 당신이
이천 년이란 시공간을 뛰어 넘어
허접한 제 맘에 무엇인가 쓰고 계십니다.
어디쯤 오고 있나
언제쯤 만날 수 있나
하늘 언저리까지 마중 나와 계신 당신
당신에게로 가면서 무수한 별처럼 만난
인연의 매듭을 하나, 둘 풀어갈 때
힘들어하기보다는
당신이 날 기다리는 신호라고 믿을까 합니다.
오늘
당신에게로 가는 길목에서 만나는
사람들,
나무들,
한 포기의 꽃까지도 아끼면서요.

짠한 것들

비 그친 뒤 유리창에 톡 톡 톡
매달려 있는 빗방울들.

마라톤 경주에서 제일 꼴찌로
스타디움으로 들어서는 선수.

두 형들 집 떠난 뒤
혼자 식탁에 앉아 밥 먹고 있는 막내둥이.

잠자면서 다리를 파르르 떨며
영어로 잠꼬대 하는 남자.

전화통화 끝에 자꾸만
잘 있으라고 말하는 노모.

쓸쓸히 돌산어귀로 터벅터벅
걸어 들어가는 비쩍 마른 코요테.

거울 앞에 서 있는
헝클어진 머리에 한숨짓는 여자.

뒤안길

거친 길 걸어오는 동안
진흙 속에서도 꽃 한 송이
피어 있는 걸 보고 웃은 적 있다.

욱, 하고 화가 목까지 치밀어오를 때에도
맘 깊은 곳에
품새 넉넉한 삼나무의 그늘이 있어
참을 수 있었다.

허공에 남아 있는
지난 나의 핏빛 기도로

이제는 씨앗이 되어
어디에서는 들꽃으로
또 어디에서는 나무로 살 것들

하늘에 기대어

해설

자목련을 노래하는 시인

— 추은진의 시세계

임헌영 문학평론가

1. 따스함에 속아 피는 자목련

불행한 사람은 당연하지만 설사 만족한 삶일지라도 때론 상처 나거나 지쳐 우수의 성에 갇히곤 한다. 그게 인생살이다. 그 우수의 성에 갇힌 영혼은 어떻든 탈출을 시도하기 마련인데, 그 과정을 존 키츠는 「우수의 노래」(Ode on Melancholy)에서 "우수는 미와 함께 산다"(She dwells with Beauty)라고 풀이한다. 인간이 고뇌에 차 있을 때만큼 간절하고 단순하며 어떤 면에서는 순수해지는 순간은 흔하지 않다. 바로 이 순간의 아름다움을 노래하는 건 시인의 여러 몫 중 하나다. 여기서 아름다움이란 우수의 성곽으로부터의 탈출을 향한 꿈이자 용기이며 위안이기도 하지만 왜 인간은 우수의 성채에 갇혀야만 하는가라는 존재론적인 질문이기도 하다. 우수가 미와 동거한다는 건 곧 어떤 우수도 미를 통해 해탈이 가능하다는 의미를 내포하고 있다. 모든 인간은 연인을 찾듯 그렇게 갇힌 존재, 닫힌 삶에서 미적(美的)인 탈출을 시도한다.

시인 추은진에게 주어진 삶으로서의 우수의 성은 「따스함에 속다」에서 그 참 모습이 드러난다.

> 이 일을 어쩔꼬?
> 자목련이 속절없는 속맘을
> 보이고 말았네.
>
> 거짓바람과 햇살에 속아
> 철없는 속내를 보여주고
> 아차, 싫어 하는 모습 좀 봐.
>
> 따스함에 속는 것이
> 사람만은 아니구나.
>
> 꽃까지 속고 마는 세상
> 자목련을 보고 돌아서는데
> 처음으로 푸른 하늘이

원망스러웠네.

—「따스함에 속다」 전문

자목련(紫木蓮), 북향화(北向花)란 별명을 가진 이 이루어질 수 없는 사랑의 상징인 꽃이 잎보다 먼저 꽃을 터트리자 추은진 시인은 "거짓바람과 햇살에 속아/철없는 속내를 보여주고/아차, 싫어 하는 모습 좀 봐."라고 노래한다. 첫사랑의 속내를 들킨 수줍음부터 원대한 야망의 꿈까지 인간이 지닌 모든 소망이 순서대로 피어나는 게 아니라 목련처럼 성급하게 잎보다 먼저 불쑥 내미는 모습을 시인은 "따스함에 속는 것이/사람만은 아니구나."라고 표현한다. 속는 건 인간만이 아니라 생영을 가진 모든 존재가 다 마찬가지란 이 정각(正覺)의 경지가 이 시의 매력이다.

인간, 우수의 성에 갇힌 존재로서의 인간이란 추은진 시인에게 따스함에 속아 내일, 다시 내일을 기약하며 일편단심 북향으로 피어나는 자목련에 다름 아니다. 그렇게 해마다 속아 피느라고 만개(滿開)가 아닌 반개(半開)의 꽃이 된 자목련. 그 반쯤 피는 꽃이 지닌 의미 또한 인생의 미완의 꿈에 다름 아니다.

2. 칼칼한 삶의 낚싯대

인생은 온전히 활짝 피는 게 아니라 미완성인 듯 완성인 듯 알 듯 모를 듯 자목련처럼 반개하기에 더욱 아름다운 것. 그 아름다움이 인생의 이상이 아니던가.

이를 셸리는 멋지게 노래해준다. "왜 인간이/사랑과 미움, 낙담과 희망의 영역을 가졌는지?"(Why man has such a scope/For love and hate, despondency and hope?)라고 그는 마치 창조주에게라도 묻듯이 따지고 든다. 신이 유난히 인간을 긍휼히 여겼다면 태초에 아예 사랑과 희망만 주면 될 걸 왜 미움과 낙담을 주었느냐는 항의조의 넋두리다. 그렇다고 답이 나올까?

> 힘없는 주문들이여—그 말로 된 마력으로는/우리가 듣고 보는 모든 것으로부터/회의, 운명, 무상을 잘라낼 수 없으리라.(Frail spells—whose uttered charm might not avail to sever,/From all we hear and all we see,/Doubt, chance, and mutability.)
>
> — 셸리, 「이상미에 바치는 찬가」(Hymn to Intellectual Beauty)

시의 아름다움으로도 인간은 궁극적인 위로는 받지 못한다고 셸리는 이 시에서 말한다. 그러기에 이룩하지 못한 꿈속에서 인간은 온갖 탐욕과 허위로 반쯤 핀 꽃송이를 만개시키고자 시도한다. 그 만용을 그린 게 추은진의 아래 작품이다.

햄버거를 먹는 일은
배를 채우기 위한 수단일 뿐이다.

맛은 허공 높이 매달아두고
퍽퍽한 고깃덩어리가 들어 있고
느끼한 치즈가 들어 있는
햄버거를 나는 으적으적 씹는다.

그들이 맛있게 먹는 음식의 맛을
느끼지 못하게 된 25년 동안
뱃속에서 꿈틀거리는 허기를 감추기 위해
나는 실크 옷을 몸에 두르고도
땅에 떨어진 동백꽃이 비를 맞고
있는 것처럼 처절했다

빵 대신 밥을 달라고
고기 대신 김치찌개를 달라고
버터 대신 된장을 달라고

햄버거를 먹으면서도
채워지지 않는 허기진 세상에
나는 오늘도 칼칼한 낚싯대를 던져둔다.

—「햄버거를 먹는 방법」 전문

먹어야 살 수 있는 삶의 애환을 담아낸 시다. 왜 하필 햄버거냐고? 미국에 살고 있는 시인이라고 어찌 햄버거만 먹겠는가. 지구 위에서 가장 잡식성인 인간의 먹이를 상징하고자 햄버거를 특칭한 건 너무나 적절하다. 더구나 그 뒤 구절의 "배를 채우기 위한 수단일 뿐"이라는 목적의식이 너무나 절묘하지 않은가.

여기에 추은진 시인의 모국을 떠난 삶이 잘 축약되어 있다. 그것은 흡입력 강한 미국적인 현실주의가 좀처럼 잊히지 않는 모국 지향성 향수에 맞물려 "채워지지 않는 허기진 세상에/나는 오늘도 칼칼한 낚싯대를 던져둔다."라는 끝 구절에 너무나 선명하게 부조(浮彫)된다.

이렇듯 한편으론 행복하면서도 다른 한편으로는 뭔가 모자라는 듯한, 속이고 속기도 하는 인생사를 추은진 시인은 「지상에서의 소풍」에 비유한다. 소풍 인생론, 인생이란 지상에 잠시 소풍 왔다가 하늘로 돌아가는 것이라는 천상병 시인의 「귀천(歸天)」을 그대로 따르면서 추은진 시인은 삶의 성숙에 이르는 과정을 아이, 어른, 다시 아이로 돌아가기라는 3단계로 축약한다.

아이와 어른의 차이란 "하늘에서 떨어지는 물방울을/아이는 비라고 말했다./어른은 눈물이라고 말했다." 이어 시인은 이렇게 노래한다. "뒤뜰 야자수 잎이 흔들리는 걸 보고/아이는 바람이 분다고 말했다./어른은 나무들의 슬픈 춤사위라고 말했다."

제1연에서는 아이와 어른이 물방울과 눈물로 구분되고, 제2연에서는 바람과 슬픈 춤사위로 엇갈린다. 시인이 설정한 두 비유인 물과 바람은 세파와 인생살이에 가장 흔하게 비유되는 상징어다. 세상살이란 물과 바람을 헤쳐 나가는 과정임을 시인은 비유하고 있다. 그러니 당연히 어른들은 물과 바람이 고뇌의 성곽일 수밖에 없는데, 여기서 시인은 그 성곽을 "깊은 우물에 갇힌 어른들"이란 술어로 대체시킨다. 성곽이든 우물이든 우수에 갇힌 인간 존재를 상징하는 데는 다를 바 없다. 세상이 물방울과 바람인 줄 알고, 그 따스함에 속아 덤볐다가 눈물과 슬픔인 걸 깨닫기까지의 인생살이는 고스란히 시가 된다.

그런데 문제는 인생이 계속 고뇌의 성곽이나 깊은 우물에 갇혀 있어야 할 것인가란 존재의 유한성과 부딪히게 된다. 언젠가는 탈출하고야 말 그 존재의 한시성에서 시인은 인생론의 제3단계를 제시한다.

어른이 아이와 마음높이가 같아지는 날
지상의 소풍이 끝이 나려나.

—「지상에서의 소풍」 부분

은근히 새로운 도약이나 인생 반전을 기대했는데, 이건 완전 절망이다. 지상의 소풍이 끝난다는 게 죽음임은 누구나 아는 사실. 이건 뭐 워즈워드가 "어린이는 어른의 아버지(The Child is Father of the Man)" 어쩌고 하는 것과는 사뭇 다른 차원이다.

3. 파랑새를 찾아서

추은진 시인의 어린이와 같은 마음을 가지라는 충고는 하늘나라에 들어가기 위한 전제조건으로 제시된다. 어린아이 같은 마음이 천국의 열쇠라든가 득도의 정도(正道)임은 어느 종교나 인생살이에도 적용되는 고전적인 비유이다. 그 어린아이 같은 마음 갖기를 추은진 시인은 「파랑새」에 비유한다. 파랑새를 "지어낸 허상이라고/바늘로 머리를 긁적이며/어머닌 말씀"하셨고, 아버지는 "바람 타고 날아오는 것이니까/재빨리 잡으라고" 독촉했으며, 스승은 "자갈밭과 진흙길과/어둠의 터널을 걷고 나면/신기루처럼 파랑새는 나타난다"라고 했다. 사람들은 부모와 스승이 일러준 대로 파랑새를 쫓아 다녔을 터인데, 진짜 그 새를 본 건 "아이의 그림 속에 살고 있는 것"이라는 끝 구절은 완전 반전이다.

인생 3단계론의 어린이나 파랑새가 사는 곳인 어린이는 이렇듯 일치한다.

결국 추은진 시인의 삶과 문학은 어린아이 되기 혹은 다시 어린아이로 되돌아가기인 셈이다. 그게 쉬울까? 그 어린아이 찾기를 시인은 소 찾기(尋牛)로 비유한다. "로스앤젤레스 시내 생맥주집에서/열두 개의 눈동자는 밤늦도록 소를 찾아 헤맸다."는 시 「소는 어디 있나」는 이 시인의 인생론, 아이처럼 되어 소풍을 끝낼 때까지의 삶의 지혜의 축약으로 이뤄져 있다. 대체 소는 어디 있을까? "누구는 눈물샘에", "누구는 목구멍에", "또 누구는 심장에" 숨겨 둔다지 하고 심드렁하게 일러준다. 그러나 정작 찾아야 할 소는 없다. 기껏 눈에 뜨이는 건 "기회주의의 소들밖에 없는 세상"이라 시인은 "그 옛날 우직한 소는 어디 있나."고 다시 구도의 길을 떠나지 않을 수 없다.

소를 찾는 구도의 길은 온통 모퉁이로 이뤄져 있다. 그 모퉁이는 고난과 설음의 인생 고비길이면서도 오아시스(「모퉁이」)이기도 하다. 그렇게 모퉁이를 돌고 돌아 다다른 마흔아홉의 시인은 이제 "사춘기 소녀처럼/눈물샘이 마구" 열려, "눈물의 진실"을 볼 수 있게 된다.

“자식들에게서도/낯선 냄새가 나고/같이 사는 남자에게서도/세월의 잔인한 주름이 보이고//비 싸하게/퍼붓고 간 뒤에도/우산을 접지 않는 것은/마흔아홉수의 건망증인가요.”(「마흔아홉 살」). 이 연배에 이르면 어떻게 변할까. 웬만하면 「타협의 여왕」이 된다고 시인은 확연하게 말하다. “누구는 학교 옥상에서 정의를 외치다/저승길 가고/또 누구는 노동의 몸에 휘발유를 붓고/목숨을 잃었을 때/나도 두 주먹 불끈 쥐고/머리에 붉은 띠를 둘렀었지.” 그러나 “세월의 외줄을 타다보니/좋은 게 좋은 것이라는 구렁텅이에 빠지게 되더군./타협을 옆구리에 끼고” 다니게 된다는 인생론.

그 다음은? “세상이 나를 얕잡아 보지 못하게 뿔테안경을 쓰게 된다.” “세상 사람들 내 곁을 지나갈 때/사감선생 대하듯 고개를 숙이고” 지나다니도록 만든 권위의 화신으로서의 변신이다. 그러나 이것조차도 버리게 되는 인생이 여든두 해의 어느 가을날이다. “평생 동안 코에 걸쳐진 검은 안경이/갑자기 천근처럼 무겁게 느껴진” 탓으로 벗어던진 이 연륜에 이르자 시인은 “아이처럼 맘껏 웃을 수 있었다./아이처럼 맘껏 울 수도 있었다.”(「뿔테안경」)라고 고백한다.

시의 문맥만으로 보면 평생토록 쓴 게 뿔테안경이지만 인생살이에 비해보면 타협의 명수가 된 이후 자신의 표정

관리 차원에서 안경을 쓰는 비유로 풀이할 수 있고, 이제 그런 모든 치장을 내려놓아야 할 때라야 '아이'로 돌아간다는 인생론이 추은진의 시세계의 큰 얼개이다.

4. 맺는 말

이렇게 인생의 얼개를 엮어내고서도 여전히 안 풀리는 문제가 추은진 시인에게는 남아 있다. 바로 먼 이국에서의 긴 삶이 주는 향수의식이다.

"멋모를 때 사랑을 하는 것처럼/맛 모를 때 이민을 와서/날것의 언어를 마구 먹다가/토해낸 시간을 이십오 년 넘게"(「이민」) 보낸 신산한 삶의 애환은 "가시덤불에서 청둥오리 부부가/몸으로 서로의 나올 길을 내어주며" 밀담을 나누는 모습과 닮았다고 저간의 남의 나라 서러운 인생살이를 이렇게 풀어내준다.

> 눈에 덮인 콩깍지를 사랑이라 믿으며 결혼에 골인까지 한 뒤 태평양을 훌쩍 날아와 물맛이 텁텁한 이국땅에서 태어난 새끼들 뒷바라지에 등골이 휘어지면서도 불평 한 마디 안 하고 살다가 생활고로 피 터지는 격투를 서로 벌이기도 하고, 서러운 마음 한 구석 긁어주지 않는다고 삐지기도 하고, 눈 파란 사람에게 눈길을 돌린다는 이유로 질투도 해가면서도

헤어지지 않고 살아온 지난 생을 돌아보며 참 잘했다고, 서로를 도닥여주며 살기도 했다.

—「눈부신 비상」 전문

시인에게 주어진 인생은 "어미이기 때문에/아내이기 때문에/딸이기 때문에/며느리이기 때문에"(「달팽이 1」) 온갖 풍상을 다 보듬어야 했을 것이다.

추은진에게 시란 이런 자신의 삶을 진솔하게 드러내는 위안에 다름 아니다. 이 말은 워즈워드가 「그녀는 기쁨의 환영」(She was a Phantom of Delight)이란 시에서 했던 구절과 흡사하다.

"지나간 날의 즐거운 회상과/아름다운 미래의 희망에 고이 모인 얼굴./그날그날 인생살이에/너무 찬란하거나 너무 선하지 않은 것./순간적인 슬픔, 단순한 계교/칭찬, 책망, 사랑, 키스, 눈물과 미소에 알맞은 것.(A countenance in which did meet/Sweet records, promises as sweet;/A Creature not too bright or good/For human nature's daily food;/For transient sorrows, simple wiles,/Praise, blame, love, kisses, tears and smiles.) 이게 바로 시의 위안이고 추은진의 시세계이기도 하다.

추은진 시인의 시는 자신의 삶의 조감도이면서 특히 어머니를 비롯한 가족들의 단체 추억 사진이자 모국을 그리는 향수이기도 하다.

이 시집이 미주지역의 동포들에게 향수를 달래주는 작은 위안이라도 되기를 바란다.

이 도서의 국립중앙도서관 출판시도서목록(CIP)은 서지정보유통지원시스템 홈페이지(http://seoji.nl.go.kr)와 국가자료공동목록시스템(http://www.nl.go.kr/kolisnet)에서 이용하실 수 있습니다.(CIP제어번호: CIP2013013012)

문학의전당 시인선 160

따스함에 속다

초판 1쇄 인쇄 2013년 8월 12일
초판 1쇄 발행 2013년 8월 19일
지은이 추은진
펴낸이 김석봉
책임편집 이현호
디자인 조동욱
펴낸곳 문학의전당
출판등록 제311-2012-000043호
주소 서울시 은평구 연서로11길 7-5 401호
편집실 서울시 마포구 공덕2동 404 풍림VIP빌딩 413호
전화 02-852-1977
팩스 02-852-1978
블로그 http://blog.naver.com/mhjd2003
전자우편 sbpoem@naver.com

ISBN 978-89-98096-38-0 03810